AF449595

Federico Mehrbald
Périphérie - Periferia
Buenos Aires Poetry, 2025
56 pp.; 13,34 cm x 20,32 cm.
ISBN 978-631-6688-09-5
Poesía Argentina.

Traducciones de Laura Gunst y Elina Cohen
Traducciones Parte II de Federico Frumento y Juan Ignacio Previgliano
Fotografías de Emiliano Vera

Editorial Buenos Aires Poetry
Colección Pippa Passes
Diseño editorial, Camila Evia

BUENOS AIRES POETRY
editorial@buenosairespoetry.com
www.editorialbuenosairespoetry.com

Federico Mehrbald

Périphérie | Periferia

BUENOS
AIRES
POETRY

PIPPA
PASSES

Périphérie

*

Federico Mehrbald

Periferia

*

Federico Mehrbald

a Caro y el patas

Parte I

Nous n'aurons point tout démoli si nous ne démolissons même les ruines!

✳

¡No habremos demolido todo si no demolemos incluso las ruinas!

Alfred Jarry

Préface

Dans la Périphérie de Mehrbald, la voix est un témoin qui élabore son discours en partant des marges, en partant de la limite d'une urbanisation décimée. Instantané de l'apocalypse; passage et refuge devant la perte de tout référent.

Une zone indéfinie où tout a été détruit (même les fondements, comme le demande Jarry)et où l'emplacement stratégique du poète lui permet de faire appel à un regard hors de tout ancrage de signification fixe.

Éloigné du centre générateur d'un système qui est arrivé à sa fin, qui observe sa propre chute, la voix de Mehrbald agit en tant que témoignage précis; voyeur lucide qui se passe de tout décor innécessaire en se servant de la puissance du minimum.

Sebastián González, General Roca, 2020.

Prólogo

En la Periferia de Mehrbald la voz es un testigo que elabora
su discurso desde el margen, desde el límite de una urbanidad
diezmada. Instantánea del apocalipsis; tránsito y refugio ante
la pérdida de todo referente.

Una zona indefinida en donde todo ha sido destruido (hasta los
cimientos, como pide Jarry) y en donde la ubicación estratégica
del poeta le permite valerse de una mirada fuera de todo anclaje
de significación fija.

Alejada del centro generador de un sistema que ha llegado a
su fin, que observa su propia caída, la voz de Mehrbald actúa
como testimonio preciso; *voyeur* lúcido que prescinde de todo
ornamento innecesario valiéndose de la potencia de lo mínimo.

Sebastián González, General Roca, 2020.

Promenade en centre-ville

traversant à peine l'avenue

d'un quartier à l'autre

entre espoir et démolition

un brusque changement apparaît

Tombé dans un précipice poursuivant un puma

mystique violence

un espace sans loi

la vie humaine dans les champs

Paseo por el centro
cruzando apenas la avenida
de un barrio a otro
entre esperanza y demolición
aparece un cambio brusco

Caído a un precipicio persiguiendo a un puma
mística violencia
un espacio sin ley
la vida humana en el campo

De vieilles légendes que l'on raconte la nuit

un musée d'horreurs

des survivants de l'immense désastre

les habitants du feu

Cela fait deux nuits que l'eau gèle

décadence

lorsqu'il en est ainsi, le chaos règne

un décor se transforme

Viejas leyendas que a la noche se cuentan

un museo de horrores

sobrevivientes del inmenso desastre

los habitantes del fuego

Hace dos noches que el agua se hiela

decadencia

cuando esto sucede reina el caos

un escenario se transforma

Violence mélancolique des âmes

un cordon de misère de cinq kilomètres

pour éviter le bruit

par lequel tout s'achève

Bars populaires

les banlieues du sud

villages déconnectés

des routes saturées de rêves

Violencia melancólica de las almas
un cordón de miseria de cinco kilómetros
para evitar el ruido
que termina todo

Bares populares
los suburbios del sur
pueblos desconectados
de las rutas saturadas de sueños

Rugissements de tonnerre folie d'éclair

les réflecteurs de la nuit sans lune

devenue lumière

rivée sur le campement

L'hospitalité du désert

dans les territoires de la dépossession presque absolue

le privilège des visiteurs est de connaître

le dernier verre de vin

Rugidos de trueno locura de relámpago

los reflectores de la noche sin luna

hecha luz

anclada en el campamento

La hospitalidad del desierto

en los territorios de la desposesión casi absoluta

privilegio de los visitantes es conocer

el último vaso de vino

Enveloppé dans un quillango[1] de peau de guanaco[2]

une carte sur le visage

établissement ancestral à la limite

guidé par la destruction

Les tentes du capitaine

un coup de gouvernail vers le bas

par l'une des fractures les plus importantes

vers les quartiers lointains

1 Couverture faite de peau de guanaco, utilisée par les peuples autochtones de la Patagonie argentine et chilienne.
2 Mammifère d'Amérique du sud appartenant à la famille des camélidés.

Envuelto en un quillango de piel de guanaco

un mapa en el rostro

asentamiento ancestral al límite

guiado por la destrucción

Los toldos del capitán

un golpe de timón hacia abajo

por una de las fracturas más importantes

rumbo a la barriada

Colonnes de fumée entre les montagnes

le plus ancien habitant de la nuit

cherche le sacré

l'invisible

Des feux qui teignent de rouge le fond du paysage

deux mondes débordent

l´énigme, le mouvement

comme une urgence insensée

Columnas de humo entre montañas
el poblador más antiguo de la noche
busca lo sagrado
lo invisible

Fuegos que tiñen de rojo el fondo del paisaje
desbordan dos mundos
el enigma, el movimiento
como una emergencia sin sentido

Une coupe pleine de caña[3]

àtravers les temps

ses rues et ses conduits

expulsent la mémoire

Conjurant le mauvais sort

la complète dépossession

est ce qui permet de continuer

enchaîné à la terre

3 boissonalcoolisée issue de la canne à sucre

Una copa llena de caña

a través de los tiempos

sus calles y sus cañerías

desalojan la memoria

Conjurando a la mala suerte

el completo despojo

es lo que permite continuar

encadenado a la tierra

Canyon

pour combattre en milieu rurale

sur un accident géographique

un trou noir a été instauré

Il pleut torrentiellement et nous dévorons des kilomètres

marginés entre des plateaux

le centre de gravité réside dans la résistance

la rébellion en fait partie

Cañadón

para combatir en la vida rural
sobre un accidente geográfico
un agujero negro fue instaurado

Llueve torrencialmente y devoramos kilómetros

marginados entre mesetas
el centro de gravedad reside en la resistencia
la rebelión forma parte

En éloignant les esprits
si un fantôme capable d'effrayer
parcourt ces pages
il hante sûrement dans la périphérie

.

Alejando a los espíritus

si algún fantasma capaz de atemorizar

está recorriendo estas hojas

seguro se hospeda en la periferia

Parte II

La vie est un perpétuel désordre
qui dévore tout

※

La vida es un perpetuo desorden
que lo devora todo

Cristian Aliaga

Il pleut

sur ma tête

brille

mon coeur

la forêt sauvage

est témoin

de mes ordures

L'obscurité

de la mer

est l'âme

d'un homme

dans les tempêtes

Está lloviendo

Sobre mi cabeza
está brillando
mi corazón
el bosque salvaje
es testigo
de mi basura

La oscuridad

del mar
es el alma
de un hombre
en tormentas

Explore l' évident

le grand Houdini
veut s' échapper
dans le dernier navire
où il a passé quatre jours

par terre
des tâches bleuâtres
et du verre brisé

Profite de la nuit

avec mystère
face aux bateaux
volants

aujourd'hui
Je ne veux rien
dire

Explora lo obvio
el gran Houdini
quiere escapar
en el último barco
donde pasó cuatro días

en el piso
azulaciones
y vidrios rotos

Disfruta la noche
con misterio
cuando esos botes
estén volando

hoy
no quiero
decir
nada

Le parfum

de la pluie

et des nuages

sans asphalte

ni discours

dans les terres

vaines

Hier

j'ai senti le

silence

presqu'île

produit

de mon

esprit

il est là

El olor
de la lluvia
y nubes
sin pavimento
ni discurso
en las tierras
baldías

Ayer
sentí el
silencio
casi isla
producto
de mi
mente
está ahí

Je ne parlerai pas

les vagues

rondes

d'oiseaux

et le travail

de l'océan

le ciel

est plus

que

suffisant

Quelques jours

nageant

le soleil brille

le vent

invoque

la tranquillité

No voy a hablar

las olas

rondas

de pájaros

y el trabajo

del océano

el cielo

es más

que

suficiente

Unos pocos días

nadando

el sol brilla

el viento

invoca

tranquilidad

Des mauvais jours

pour pêcher des émotions

je rêve

d'eau

et de tonnerre

En train de boire

de la bouteille

avec la lettre A

la nuit est vide

le désert bleu

et l'automne

commence

avec

tes yeux

Días malos

para pescar emociones

sueño

con agua

y truenos

Bebiendo

de la botella

con la letra A

noche vacía

desierto azul

y el otoño

comienza

con

tus ojos

Le froid en Patagonie

un autre air

au milieu

du cœur

le voyage

va de la tête

la liberté.

La poésie du vent

écrase

la réalité

une canette

par jour

pour vivre

ce monde

Frío patagónico

otro aire

en el medio

del corazón

el viaje

es de la cabeza

por la libertad.

La poesía del viento

tritura

la realidad

una lata

por día

para vivir

este mundo

Rêves de mort

sous des cartes
brisées
la graine originelle
fait naufrage
dans la mer

Le roi

des poissons
aspire
de la tristesse
Je me sens
propriété
de la
mer

Sueños de muerte

bajo mapas

rotos

la semilla original

naufraga

en el mar

El rey

de los peces

aspira

tristeza

me siento

propiedad

del

mar

Je n'ai pas vu les montagnes
de la ville cachée

un voyage

sans médicament

pour les rêves

La fin
arrive

vite

le poison

entoure

le passé

No vi montañas
de la ciudad escondida
un viaje
sin medicina
para los sueños

El fin
está viniendo
rápido
el veneno
envuelve
el pasado

Les mers de demain

meurent dans bouteilles

Et si je me trompe ?

Une chanson

nous fera perdre

le temps et arrivera

la fin

Los mares del mañana

mueren en botellas

¿Y si me equivoco?

Una canción

nos hará perder

el tiempo y llegará

el final

Épilogue

Les poèmes brefs n'admettent pas de fissures. Chaque mot doit être irremplaçable. Il doit être amuré, non pas décoré. Dans Périphérie, chaque poème en rejoint un autre jusqu'à construire une maison.

La lecture de cette réalité dépendra nécessairement de celui qui ouvrira ou fermera la porte. Ces mots font que la pluie ne finisse jamais de nous effacer. Le poète le sait.

Jorge Curinao

Epílogo

Los poemas breves no admiten fisuras. Cada palabra debe ser irremplazable. Debe estar amurada, no decorada. En Periferia, cada poema se une a otro hasta construir una casa.

La lectura de esa realidad, necesariamente, dependerá de quien abra o cierre la puerta. Esas palabras hacen que la lluvia nunca nos termine de borrar.
El poeta lo sabe.

Jorge Curinao

Sobre el autor

Federico Mehrbald (Lanús, Buenos Aires, 1983). Vive en Puerto Madryn. Publicó *Vacío estupor*, *Los acorazados ríos de la muerte*, *Última oferta de la eternidad* (Buenos Aires Poetry) y *Cover* junto a Jinete 4. Participó de las Antologías *Breve tratado Viento Sur* y *Rumiar Volumen I*, así como de varias publicaciones en dossiers (*Hoja Desmesura*, *La cebolla de vidrio ediciones*, *Revista La Rama*).

*

*

2025
Impreso en Buenos Aires,
Buenos Aires Poetry
www.editorialbuenosairespoetry.com

www.ingramcontent.com/pod-product-compliance
Lightning Source LLC
LaVergne TN
LVHW091619170726
843492LV00007B/2514